BELONGS TO
MY SISTER

_____

Copyright © 2020 by **Lovely Family Notebooks - Animated Collection**
All rights reserved.

Dear Sister

_____

Arabic – Ana behibek (to female)

Dear Sister

_____

Yes kez sirumen – **Armenian**

Dear Sister

Bambara – M'bi fe

Dear Sister

Aamee tuma ke bhalo aashi – **Bangla**

Dear Sister

Belarusian – Ya tabe kahayu

Dear Sister

Nahigugma ako kanimo – **Bisaya**

Dear Sister

Bulgarian – Obicham te

Dear Sister

_____

Soro lahn nhee ah – **Cambodian**

Dear Sister

Cantonese Chinese – Ngo oiy ney a

Dear Sister

_____

T'estimo – **Catalan**

Dear Sister

Cheyenne – Ne mohotatse

Dear Sister

_____

Ndimakukonda – **Chichewa**

Dear Sister

_____

Corsican – Ti tengu caru (to male)

Dear Sister

_____

Mi aime jou – **Creol**

Dear Sister

Croatian – Volim te

Dear Sister

Miluji te – **Czech**

Dear Sister

Danish – Jeg Elsker Dig

Dear Sister

_____

Ik hou van jou – **Dutch**

Dear Sister

Esperanto – Mi amas vin

Dear Sister

_____

Ma armastan sind – **Estonian**

Dear Sister

Ethiopian – Afgreki'

Dear Sister

Eg elski teg – **Faroese**

Dear Sister

Farsi – Doset daram

Dear Sister

Mahal kita – **Filipino**

Dear Sister

_____

Finnish – Mina rakastan sinua

Dear Sister

Je t'aime, Je t'adore – **French**

Dear Sister

Gaelic – Ta gra agam ort

Dear Sister

___

Mikvarhar – **Georgian**

Dear Sister

_____

German – Ich liebe dich

Dear Sister

___

S'agapo – **Greek**

Dear Sister

Gujarati – Hoo thunay prem karoo choo

Dear Sister

_____

Palangga ko ikaw – **Hiligaynon**

Dear Sister

_____

Hawaiian – Aloha wau ia oi

Dear Sister

Guina higugma ko ikaw – **Hiligaynon**

Dear Sister

Hindi – Hum Tumhe Pyar Karte hae

Dear Sister

_____

Kuv hlub koj – **Hmong**

Dear Sister

Hopi – Nu' umi unangwa'ta

Dear Sister

Szeretlek – **Hungarian**

Dear Sister

Icelandic – Eg elska tig

Dear Sister

___

Palangga ko ikaw – **Ilonggo**

Dear Sister

Indonesian – Saya cinta padamu

Dear Sister

Negligevapse – **Inuit**

Dear Sister

_____

Irish – Taim i' ngra leat

Dear Sister

_____

Ti amo – **Italian**

Dear Sister

Japanese – Aishiteru

Dear Sister

_____

Naanu ninna preetisuttene – **Kannada**

Dear Sister

Kapampangan – Kaluguran daka

Dear Sister

Nakupenda – **Kiswahili**

Dear Sister

Konkani – Tu magel moga cho

Dear Sister

___

Sarang Heyo – **Korean**

Dear Sister

_____

Latin – Te amo

Dear Sister

_____

Es tevi miilu – **Latvian**

Dear Sister

Lebanese – Bahibak

Dear Sister

_____

Tave myliu – **Lithuanian**

Dear Sister

Malay – Saya cintakan mu / Aku cinta padamu

Dear Sister

Njan Ninne Premikunnu – **Malayalam**

Dear Sister

Mandarin Chinese – Wo ai ni

Dear Sister

___

Me tula prem karto – **Marathi**

Dear Sister

_____

Mohawk – Kanbhik

Dear Sister

Ana moajaba bik – **Moroccan**

Dear Sister

_____

Nahuatl – Ni mits neki

Dear Sister

Ayor anosh'ni – **Navaho**

Dear Sister

_____

Norwegian – Jeg Elsker Deg

Dear Sister

_____

Syota na kita – **Pandacan**

Dear Sister

Pangasinan – Inaru Taka

Dear Sister

_____

Mi ta stimabo – **Papiamento**

Dear Sister

_____

Persian – Doo-set daaram

Dear Sister

_____

lay ovlay ouyay – **Pig Latin**

Dear Sister

_____

Polish – Kocham Ciebie

Dear Sister

_____

Eu te amo – **Portuguese**

Dear Sister

Romanian – Te ubesk

Dear Sister

_____

Ya tebya liubliu – **Russian**

Dear Sister

Scot Gaelic – Tha gra\dh agam ort

Dear Sister

_____

Volim te – **Serbian**

Dear Sister

___

Setswana – Ke a go rata

Dear Sister

Maa tokhe pyar kendo ahyan — **Sindhi**

Dear Sister

_____

Sioux – Techihhila

Dear Sister

_____

Lu`bim ta – **Slovak**

Dear Sister

_____

Slovenian – Ljubim te

Dear Sister

Te quiero / Te amo – **Spanish**

Dear Sister

_____

Swahili – Ninapenda wewe

Dear Sister

_____

Jag alskar dig – **Swedish**

Dear Sister

Swiss-German – Ich lieb Di

Dear Sister

_____

Mahal kita – **Tagalog**

Dear Sister

_____

Taiwanese – Wa ga ei li

Dear Sister

_____

Ua Here Vau Ia Oe – **Tahitian**

Dear Sister

Tamil – Nan unnai kathalikaraen

Dear Sister

_____

Nenu ninnu premistunnanu – **Telugu**

Dear Sister

Thai – Chan rak khun (to male)

Dear Sister

Phom rak khun (to female) – **Thai**

Dear Sister

_____

Turkish – Seni Seviyorum

Dear Sister

_____

Ya tebe kahayu – **Ukrainian**

Dear Sister

Urdu – mai aap say pyaar karta hoo

Dear Sister

Anh th'ch em (to female) — **Vietnamese**

Dear Sister

Vietnamese – Em th'ch anh (to male)

Dear Sister

'Rwy'n dy garu – **Welsh**

Dear Sister

Yiddish – Ikh hob dikh

Dear Sister

_____

 – **Sign Language**

Made in the USA
Coppell, TX
09 September 2021